Sabine Latorre
Annerose Naber

Das kreative Sachbuch „Kartoffel"

ALS-Studio-Reihe 742

Impressum

Herausgeber: Kreide, Frankfurt
Idee und Gesamtkonzept: Sabine Latorre und Annerose Naber, Heidelberg
Fotos: Sabine Latorre, Heidelberg
Sachfotos: CMA Centrale Marketing Gesellschaft der Deutschen Agrargesellschaft (Seite 5, 8, 9, 10, 17-19 und 32), Pflanzenschutzdienst, Karlsruhe (Seite 12 und 13), Chio Chips Knabberartikel GmbH (Seite 20 und 21)
Grafik: Ingrid Neelen, Düsseldorf
Druck: ALS-Verlag GmbH, Dietzenbach
Bestell-Nr. 29.742
ISBN 3-89135-051-1

Die Deutsche Bibliothek - CIP-Einheitsaufnahme
Latorre, Sabine:
Das kreative Sachbuch „Kartoffel" / Sabine Latorre; Annerose Naber.
[Hrsg.: Kreide, Frankfurt].- Dietzenbach: ALS-Verl., 1996
(ALS-Studio-Reihe; 742)
ISBN 3-89135-051-1
NE: Naber, Annerose:; Latorre, Sabine: Kartoffel; Naber, Annerose: Kartoffel; GT

ALS-Verlag GmbH
Postfach 1440
63114 Dietzenbach

Inhaltsverzeichnis

Vorwort

Die neue Reihe des ALS-Verlags bietet ein Spektrum von Informationen zu einem jeweils ausgewählten Thema aus den Bereichen Kunst, Musik, Wissenschaft und Gesellschaft sowie kreative Aspekte. Dazu jede Menge Umsetzungsmöglichkeiten für praktische und kreative Beschäftigungen und entdeckendes Lernen mit Kindern.

Der erste Band hat die Kartoffel zum Thema und informiert von der Herkunft über den Anbau bis hin zu ihrer industriellen Verarbeitung. Ein Gesellschaftsspiel rund um die braune Knolle, Sinnesspiele, ein Kartoffellied sowie Bild- und Malgeschichten ermöglichen eine abwechslungsreiche und kindgerechte Auseinandersetzung mit dem Thema. Interessante Pflanzen- und Wachstumsversuche sowie Rezepte zum Kochen und Backen und eine Theaterstück-Idee ergänzen die praktische Umsetzung.

Die Reihe richtet sich vor allem an pädagogische Fachkräfte, die mit Vorschulkindern oder Schulkindern bestimmte Inhalte fächerübergreifend erarbeiten wollen. Aber auch interessierte Eltern erhalten zahlreiche Anregungen, um ihrem wißbegierigen Kind Fragen rund um das Thema zu beantworten und es praktische und kreative Erfahrungen machen zu lassen.

Wer sich noch eingehender mit dem Schwerpunkt des Heftes beschäftigen möchte, erhält weiterführende Literaturtips sowie Vorschläge für Museumsbesuche, Fabrikbesichtigungen und ähnliches.

Die Autorinnen haben viel Wissenswertes und Interessantes zusammengetragen und in der Praxis erprobt, so daß jedes Büchlein ein kompaktes Informationswerk darstellt.

Wie die Kartoffel wächst

Naturwissenschaftlicher Aspekt

Die Kartoffelknolle liegt in der Erde und ist gut mit Erde bedeckt.
Aus einem „Auge" keimt ein dicker Trieb und wächst an die Oberfläche zum Licht. Der untere Teil des oberirdischen Triebes wird mit Erde bedeckt. Das nennt man „Häufeln" *(Bild 2)*.
Unter der Erde wachsen die Seitentriebe. An ihrem Ende entstehen kleine Knollen. Mit ihren Wurzeln versorgen sie sich mit Nährstoffen und Wasser. Gleichzeitig ist der oberirdische Trieb weiter gewachsen und bildet Blätter und Blüten aus *(Bild 3)*.
Die Kartoffeln werden geerntet, wenn das grüne Kartoffelkraut verdorrt ist *(Bild 4)*.

Aktiver Umgang

Die Geschichte gemeinsam betrachten (z.B. Folienkopie) und den Jahresverlauf sowie das Wachstum der Kartoffel anhand der Bilder erarbeiten.

Bildergeschichte

Anhand der kleinen Bildergeschichte läßt sich die Entwicklung der Kartoffel anschaulich erklären.
Bild 1: Im Frühjahr, das durch blühende Tulpen und knospenden Baum dargestellt ist, werden die Saatkartoffeln gut in der Erde vergraben.
Bild 2: Einige Wochen später, sobald die ersten Kirschen reifen, durchbrechen die ersten Kartoffeltriebe den Boden. Um sie herum wurde die Erde angehäufelt.
Bild 3: Während des Sommers werden die Triebe zu blühenden Pflanzen, unter der Erde entwickeln sich die Knollen.
Bild 4: Im Spätsommer/Herbst, wenn die Kinder den Drachen steigen lassen, ist die oberirdische Kartoffelpflanze verdorrt und die Kartoffelknollen können geerntet werden.
Bild 5: Die eingelagerten Kartoffeln sind nun ein guter Vorrat, so daß man auch im Winter leckere Kartoffelgerichte essen kann.

Bild 1

Bild 2

Bild 3

Bild 4

Bild 5

Woraus besteht die Kartoffel?

Eine Kartoffel kann bis zu 80 Prozent aus Flüssigkeit bestehen. Betrachtet man diese durch ein Mikroskop, kann man viele Stärkekörner entdecken. Die Stärke ist ein Nährstoff für die jungen Triebe der Kartoffel und auch für den Menschen.
Damit die Kartoffel bei dem hohen Flüssigkeitsanteil nicht austrocknet, umgibt sie eine dünne Haut, die Kartoffelschale.

Aktiver Umgang

Stärke-Experiment

Eine regelmäßig oval geformte Kartoffel in einen kleinen dichten Karton legen. Angerührten Gips um die Kartoffel gießen, bis diese zur Hälfte eingebettet ist. Nach dem Festwerden die Kartoffel herausnehmen, abwaschen und an einen hellen und warmen Platz legen. Zeigen sich die ersten Triebe, schrumpft die Kartoffel, weil sie Stärke verbraucht. Der Beweis ist die Gipsform: Sie ist jetzt deutlich größer als die Kartoffel.

Stärke selbstgemacht

Rohe Kartoffeln schälen und fein reiben. Den Brei mehrmals in Wasser auswaschen. Läßt man das Kartoffelwasser jetzt stehen, setzt sich am Boden Kartoffelstärke ab.

Verdunstungs-Experiment

Zwei gleichgroße Kartoffeln waschen. Die eine Kartoffel dünn schälen, die andere bleibt in der Schale. Vergleicht man die Größe der beiden Kartoffeln, wirkt die geschälte größer. Einen oder mehrere Tage später ist es umgekehrt: Die geschälte Kartoffel hat Saft verloren und ist dadurch geschrumpft.

Kartoffelsorten

Aula

Weltweit gibt es etwa 2000 verschiedene Kartoffelsorten, in Deutschland sind es rund 130. Diese Kartoffelsorten werden nach ihrem Erntezeitpunkt in Gruppen eingeteilt:
Die Frühkartoffeln überwintern in temperierten Hallen. Sie werden vorgekeimt in die Erde gesteckt und im Mai geerntet. Die mittelfrühen oder mittelspäten Kartoffeln werden von August bis Mitte September geerntet. Der Erntetermin der Spätkartoffeln beginnt Ende September. Je länger eine Kartoffel reifen kann, umso mehr Stärke besitzt sie. Die mittelfrühen und späten Sorten mit ihrer langen Reifezeit sind daher sehr locker und mehlig beim Kochen.

Exquisa

Sortenvergleich

Jedes Kind bringt eine Kartoffel mit, deren Herkunftsland, Typ, Name u.ä. vom Händler erfragt und auf kleine Schildchen geschrieben wurden. Alle mitgebrachten Kartoffeln auf einen Tisch legen und mit den Schildchen versehen.

Aktiver Umgang

Das unterschiedliche Angebot eignet sich sehr gut zur differenzierten Betrachtung der einzelnen Sorten (Form, Farbe, Größe, Haut etc.).

Rosaria

Keimen und Pflanzen

Kartoffeln kann man auch im Garten der Schule, des Kindergartens oder zu Hause anpflanzen. Die anspruchslose Pflanze wächst fast in jedem Boden. Ideal ist ein kleines Beet. Ein mit Erde gefüllter Wassereimer, in dessen Boden man vorher Löcher gebohrt hat, reicht aber auch.

Die Kartoffel ans Licht legen und vorkeimen lassen. Sobald die grünen Triebe sichtbar werden, die Kartoffel in den Eimer pflanzen und mit Erde bedecken. Nicht zuviel gießen. Um die ersten Triebe muß die Erde angehäufelt werden, genauso wie es auch der Bauer auf dem Feld macht. Keine Kartoffel darf ans Licht, sie würden sonst grün und giftig (s.S. 8).

Aktiver Umgang

Keimversuch

Saatkartoffeln ans Licht legen und auskeimen lassen. Sobald die Triebe sichtbar werden, können sie genau betrachtet, gezählt und verglichen werden. Ein Phantasiespiel läßt sich anschließen: An was erinnert die gekeimte Kartoffel? (Riesenameise, Herz mit Adern, Marsmännchen mit Antenne etc.). Die Kartoffeln und ihre Triebe halten länger, wenn man sie zur Hälfte in ein mit Wasser gefülltes Gläschen stellt.

Herzkartoffel mit Keimen

Die Pflanze wächst zum Licht

Die Kartoffel vorkeimen lassen, in einen kleinen Blumentopf pflanzen und in die Ecke eines Kartons stellen. In eine kurze Seite des Kartons wird ein Loch geschnitten und innen zwei Pappwände mit Tesafilm eingeklebt, die einen schmalen Schlitz zur anderen Kartonseite lassen (siehe Zeichnung). Der Karton muß dann fest verschlossen werden, so daß kein weiteres Licht einfällt, als durch das Fensterchen. Läßt man den Versuchsaufbau am Fenster stehen, wächst ein Keim aus dem Loch im Karton.

Beim Öffnen des Kartons sieht man, daß die Kartoffel einen langen, sehr hellen Keim zum Licht gebildet hat, der alle Krümmungen auf dem Weg ins Helle mitmacht. Grün wird der Trieb erst, wenn er mit Hilfe des Lichtes Blattgrün (Chlorophyll) bilden kann.

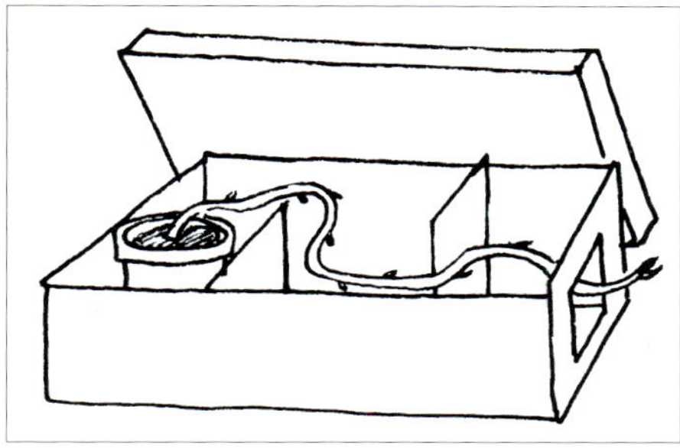

Kartoffeltrieb im Karton

Pflanzversuch

Es können Saatkartoffeln oder Speisekartoffeln gepflanzt werden. Saatkartoffeln sind kleiner und bilden mehr „Augen" aus, das heißt, später auch mehr Kartoffeln. Im Pflanzversuch kann man herausfinden, daß Frühkartoffeln schneller treiben als Spätkartoffeln. Die Kartoffeln können mit einem Namensfähnchen versehen werden. Der tägliche Kontrollgang wird dadurch noch spannender. Da die Pflanze recht schnell wächst, macht das Beobachten viel Freude.

Kartoffel Patrick

Pflanztöpfe

Feind der Knolle: der Kartoffelkäfer

Eigentlich sieht der Kartoffelkäfer mit seinen schwarzen Streifen auf dem gelben Panzer richtig hübsch aus. Dennoch ist er ein Schädling und gefährlicher Feind der Kartoffel, da er die Blätter der Pflanze frißt.

Kartoffelkäfer und Eier

Werden die Blätter der Kartoffel abgefressen oder zerstört, können sie keine lebensnotwendigen Stoffe mehr aus der Luft aufnehmen. Es bilden sich nur wenige oder keine Knollen.

Sobald sich ein Schädling zeigt, muß er sofort bekämpft werden, sonst vermehrt er sich in kürzester Zeit und wird zur Plage. Nur ein einziges Weibchen legt schon mehr als 2.500 Eier ab, aus denen kleine, gefräßige Larven schlüpfen. Schon dreißig der 15 Millimeter großen Larve verspeisen innerhalb einer Woche eine ganze Kartoffelpflanze.

Kartoffelkäfer gibt es erst seit 1936 in Deutschland. Sie überwintern im Boden und kommen bei den ersten warmen Temperaturen in Massen hervorgekrochen. Zwei Wochen lang fressen sie sich dick und rund, dann paaren sie sich und das Weibchen legt seine orangefarbenen Eier auf der Blattunterseite der Pflanze ab. Die Larven schlüpfen manchmal noch am selben Tag und knabbern nun ihrerseits an den Blättern.
Nach der Verpuppung werden sie zu roten Jungkäfern, die noch einmal zwei Wochen lang kräftig schmausen, bevor sie sich in den Boden zurückziehen und ein Jahr später als „erwachsener" Kartoffelkäfer wieder hervorkommen.

Für das Auge kaum sichtbar und dennoch ein vernichtender Feind der Kartoffel sind außerdem Viren- und Pilzbefall.

Käfer und Larve

Käfer-Sammelaktion

Hinweis auf Sammelaktionen von Schulklassen, als der Kartoffelkäfer nach dem zweiten Weltkrieg noch eine weitverbreitete Plage war und von den Kindern auf den Feldern von Hand abgesammelt werden mußte.

Literaturhinweis für ältere Kinder: Dieter Zimmer „Für'n Groschen Brause", Bastei-Lübbe Verlag, Bergisch-Gladbach, 1985. Hier wird die Geschichte des kleinen Thomas erzählt, der 1950 in Leipzig aufwächst (damalige Ost-West-Trennung müßte besprochen werden). Kapitel 22 schildert das Käfersammeln in der ehemaligen DDR und beinhaltet eine humorvolle Anekdote zur Unterscheidung von „heimischen" und „amerikanischen" Kartoffelkäfern.

Entwicklungsprozeß

Der Entwicklungsprozeß von der Larve zum Käfer sollte durch Bilder veranschaulicht werden. Bildmaterial findet sich z.B. in „Krankheiten und Schädlinge der Kartoffel", Dr. Wolfgang Radtke und Dr. Walter Rieckmann, Thomas Mann Verlag 1990, Gelsenkirchen-Buer.

Käfer

Außerdem kann das Thema Käfer allgemein behandelt werden, z.B. Maikäfer, Hirschkäfer, dabei die nützlichen Käfer (Marienkäfer) herausstellen.

Wie die Kartoffel auf den Speisezettel kam

Die Legende sollte erzählt und nicht abgelesen werden.

Eine Legende

Die Kartoffel, die heute in fast allen Ländern der Erde auf dem Speisezettel steht, stammt aus Peru. Schon damals diente sie den Inkas als Nahrung - lange, bevor die Spanier die Kartoffel bei der Eroberung Südamerikas im 16. Jahrhundert entdeckten und mit nach Europa nahmen. Damals kannten sich die Europäer noch nicht so genau mit der Handhabung von Kartoffeln aus, so erzählt eine Legende. Stolz wollten die Spanier ihren mitgebrachten Kartoffelschatz dem König als leckere Mahlzeit vorführen. Doch statt der Knolle im Boden ernteten sie die Beeren der Kartoffelpflanze und boten sie dem König an. Dieser bekam davon fürchterliche Magenschmerzen, denn die Beeren sind giftig. Voller Zorn ließ der König daraufhin die Kartoffelpflanzen mit Stumpf und Stil aus dem Boden reißen und verbrennen. Als das Feuer die Pflanzen briet, verbreitete sich plötzlich ein köstlicher Duft: in der Hitze waren die mit der Pflanze herausgerissenen Kartoffelknollen geröstet und gegart worden und verströmten nun ein appetitanregendes Aroma. Nur diesem Zufall ist es zu verdanken, sagt man, daß wir die Kartoffel heute auf dem Tisch haben.

Aktiver Umgang

Nacherzählung

Legende nacherzählen und überlegen, ob die Geschichte stimmen kann. Bedeutung der Legende als Erzählung mit einem wahren historischen Kern herausarbeiten. Gemeinsam überlegen: Was würden wir heute alles ohne die Kartoffel nicht essen können? (Pommes frites, Kartoffelpüree, Chips usw.).

Legende bildnerisch umsetzen

Die Legende eignet sich, um sie in Gruppenarbeit zeichnerisch zu einer Bildergeschichte umzusetzen. Auch einzelne Szenen, zum Beispiel die Magenschmerzen des Königs oder das Kartoffelfeuer, sind attraktive Bildmotive.

Theaterspiel

Vorbereitung:
Mögliche Dialoge vorab gemeinsam überlegen.
Was sagen die Spanier?
Wie preisen sie die Kartoffel an?
Was sagt der König?
Wie reagieren die Bauern auf die gerösteten Kartoffeln?

Requisiten

Krone, Stuhl (Sessel) als Thron, Mäntel für die Bauern, Teller, „Beeren" (Murmeln o.ä.), Kartoffelpflanzen (Stoffbänder mit eingeknoteten Steinen als „Knollen", mehrere zu einer Pflanze gebündelt), Kartoffeln. Lagerfeuerattrappe aus Hölzern mit rotem und gelbem Krepppapier als Flammen.

Wie die Kartoffel zur Hungersnot führte

Weiterführende Literatur

Hobhouse, Henry:

Fünf Pflanzen verändern die Welt.

Klett-Cotta, Stuttgart 1992

Ein trauriges Kapitel der Geschichte prägte die Kartoffel in Irland. Um das Jahr 1620 gewann die Kartoffel als Grundnahrungsmittel zunehmend an Bedeutung. Die recht anspruchslose Pflanze konnte von den Bauern auch in den unwirtlichsten Gegenden angebaut werden und war zunächst ein Segen: Sie gedieh in den nährstoffarmen Böden besser als Getreide, für den Anbau benötigte man kein Werkzeug, notfalls reichten für Anbau und Ernte die Hände. Außerdem mußte man die Kartoffel nicht dreschen, mahlen und backen. Ein Topf und ein Torffeuer reichten aus. Bald wurde nichts anderes mehr angebaut als die „Wunderknolle".

Es entstand eine riesige Kartoffel-Monokultur und die Bevölkerung wuchs dank der neuen Ernährung bis zum Jahr 1840 auf neun Millionen Menschen an. Schon ab 1724 fiel des öfteren die Kartoffelernte aus, was sofort zu Hungersnöten führte. Die Schädlinge der Kartoffel wurden zu Todfeinden. 1845 kam es zur Katastrophe: mit unglaublicher Geschwindigkeit verbreitete sich die „Braunfäule", die Felder waren schwarz vor verrotteten Blättern. Aufgrund der fehlenden Nahrung verließen 1,5 Millionen Iren das Land und begründeten die Auswandererwelle. Mehr als eine Million Männer, Frauen und Kinder verhungerten oder starben an den tödlichen Begleitfolgen der Not wie Thyphus oder Cholera.

Sinnesspiele mit Kartoffeln

Kartoffel-Tasten

Zur Spielvorbereitung für die Kinder nicht einsehbar zwei Kartoffeln in ein kleines Säckchen oder eine Baumwolltasche legen. Die Öffnung so mit einer Schnur zubinden, daß die Kinder mit ihrer Hand hineinfassen können. Jedes Kind greift in das Säckchen hinein und betastet den zu erratenden Gegenstand. Vorschulkinder können den Namen des Ertasteten (Kartoffel) der Erzieherin leise ins Ohr flüstern, Schulkinder schreiben oder malen den Begriff auf vorbereitete Zettel.

Einfaches Unterscheidungs-Spiel

In ein kleines Säckchen eine gebürstete Kartoffel, eine Kartoffel mit rauher Schale, einen großen Kieselstein, eine große Kastanie, ein Stück Rinde u.ä. legen. Einzelne Kinder werden gebeten, ein bestimmtes Stück zu erfühlen und zu benennen. Sie können es dann herausnehmen und vorzeigen.

Erschwertes Unterscheidungs-Spiel

In ein kleines Säckchen eine gebürstete Kartoffel, eine Kartoffel mit rauher Schale, eine sehr kleine und eine sehr große Kartoffel, eine Kartoffel mit vielen „Buckeln", eine Zwillingskartoffel u.ä. legen. Durch Betasten sollen die Kinder eine bestimmte Kartoffel herausnehmen.

Dieses Spiel eignet sich sehr gut als Einleitung zum Thema „Kartoffelsorten"

1000 Sachen aus Kartoffeln

Sachaspekt

Weiterverarbeitung

Die Kartoffel ist schon ein kleines Wunderwerk, besonders wenn man bedenkt, was sich so alles daraus herstellen läßt.

In der Küche

Aus Kartoffeln lassen sich durch Braten, Kochen, Backen und andere Zubereitungsarten leckere Sachen herstellen:

Salz- und Pellkartoffeln, Bratkartoffeln, Reibekuchen, Kartoffelpüree, Kartoffelklöße, Röstis, Pommes, gebackene Folienkartoffeln, Kartoffelauflauf, Kartoffelsalat, gratinierte Kartoffeln, Kartoffelkuchen, Kartoffelkroketten, Kartoffelsuppe, Kartoffelbrot (das der französische Hobbykoch Parmentiers im Jahr 1778 erfand).

Auch trinken kann man Kartoffeln: Wodka ist zum Beispiel ein starker Kartoffelschnaps (nichts für Kinder, er schmeckt ihnen scharf und scheußlich!).

Aktiver Umgang

In der Gruppe kochen

Pommes frites und Kuchen werden auf den Seiten 22 und 24 vorgestellt. Mit mehreren Kindern kann man auch sehr gut Kartoffelsalat machen. Man sollte ihn aber erst einige Stunden später oder am Folgetag essen, wenn er richtig durchgezogen ist.

Spaß machen auch Reibekuchen - sie müssen aus alten Kartoffeln hergestellt sein, sonst zerlaufen sie.

Was gibt es aus Kartoffeln?

Zu Hause nachfragen und beim Kaufmann im Regal nachsehen.
Alles zusammentragen, an der Tafel oder auf einem großen Blatt notieren.
Anschließend Mal- oder Collagearbeit zum Thema.

Wettbewerb

Wettbewerb für Gruppen: wer kennt die meisten Kartoffelgerichte?

In der Fabrik

In der Fabrik werden Kartoffeln geraspelt, getrocknet, tiefgefroren und auf die unterschiedlichste Weise verarbeitet. Man bekommt dann Flocken für Püree oder Pommes-Rohlinge, die tiefgefroren werden. Man kann aber auch Stärkemehl gewinnen, das wiederum in Kuchen, Soßen und sogar im Eis zu finden ist.

1. Rohe Klöße
2. Reibekuchen
3. Püree
4. Kartoffelsuppe
5. Gekochte Klöße
6. Krokettenpulver
7. Rösti-Reibsel
8. Bratkartoffeln
9. Kartoffelwürfel

Kartoffeln werden in Form von Stärkemehl auch in nicht eßbaren Dingen verarbeitet, zum Beispiel in Leim, Medikamenten, Karton, Papier, Wäschestärke, Puder, Kunstfasern, Appretur, Windeln oder Batterien.

So werden Chips und Sticks gemacht

Für die Produktion von Kartoffel-Chips werden die Kartoffeln sorgfältig kontrolliert, verlesen und geschält.
Für Chips werden sie in hauchdünne Scheiben, für Kartoffelsticks in Streifen geschnitten.
Danach werden sie gewaschen, vorgetrocknet und in einer Durchlauffriteuse knusprig gebacken. Dazu wird reines Pflanzenöl auf 180° erhitzt. Die fertig gebackenen Chips und Sticks kommen anschließend in eine Gewürztrommel. Dort werden sie in der Regel mit einer Mischung aus Paprika und Salz bestreut.

Es gibt „Schmeckmeister", die diese Gewürzmischung ständig abschmecken und prüfen. Zum Schluß werden Chips und Sticks in bedruckte Klarsichtfolie verpackt. Beim Zuschweißen entsteht ein kleines Luftpolster, das die Ware vor Bruch schützt.

Fabrik-Besuch

Der Besuch einer Chips-Fabrik ist aufgrund der strengen Hygiene-Vorschriften leider nicht möglich. Kartoffelverarbeitende Unternehmen sind jedoch gern zu Auskünften bereit und schicken auf Anfrage interessantes Informationsmaterial, das die Dimensionen der Herstellung verdeutlicht, kostenlos zu (z.B Firma Chio, Firma Pfanni, usw.).

Der Herstellungsprozeß läßt sich anschaulich mit Kindern erarbeiten. Besonders auf die Massenproduktion (Schäl- und Verpackungsmaschinen) sollte man hinweisen.

Interessante Fragestellungen dabei sind:
Wieso werden die Kartoffeln nicht von Hand geschält?
Was passiert, wenn die Gewürzmischung nicht stimmt?
Wieviel Knabberware wird wohl in einem Jahr verbraucht?
(Bei 80 Millionen Einwohnern rund 240 Millionen Kilo!)
Wieso machen Knabbersachen dick?

Übrigens:
In Deutschland werden jährlich drei Kilo Knabberwaren von jedem Einwohner verzehrt! Davon rund ein Drittel Kartoffelchips und -sticks.

Kartoffel-Collage

Aus Illustrierten alles herausschneiden, was aus Kartoffeln hergestellt wird. Eine große Gemeinschaftscollage könnte „eßbar - ungenießbar" zum Inhalt haben.
Ein anderes Collagethema könnte eine große Kartoffelpflanze sein, an deren Wurzelknollen die Collagebilder angeklebt werden.

Selbstgemachte Pommes frites

Kreativer Aspekt

kochen und backen

Zutaten:

pro Person ca. 3-4 Kartoffeln

Fett für die Friteuse

Salz

Zubehör:

Teller oder Bretter zum Schneiden

Scharfe Küchenmesser

großer Topf oder Schale

Friteuse mit Einsatz

2 Geschirrtücher

Schüssel

Ab und zu Pommes frites zu essen, macht Spaß. Und die selbstgemachten Pommes enthalten alle Nährstoffe der Kartoffel. Für die Zubereitung empfiehlt sich die Verwendung von festkochenden Kartoffeln. Diese bleiben beim Fritieren fest und saugen nicht so viel Fett auf.

So wird's gemacht

Die Kartoffeln waschen, schälen und halbieren. Der Länge nach in etwa 0,5 cm dicke Scheiben teilen. Aus diesen ca. 0,5 cm dicke Kartoffelstäbchen schneiden. Damit sie keine braunen Stellen bekommen, werden die Kartoffelstäbchen in einen Topf (Schale) mit kaltem Wasser gelegt.
Sind alle Kartoffeln geschnitten, wird das Fett in der Friteuse erhitzt.
Die Pommes frites aus dem Wasser vorsichtig in ein Sieb schütten, auf ein sauberes Geschirrtuch legen und mit einem zweiten Tuch trockentupfen.
Ist das Fett heiß, die Pommes frites in den Einsatz der Friteuse schütten und goldgelb ausbacken. Den Einsatz aus dem Fett nehmen, die fertigen Pommes frites abtropfen lassen, in eine Schüssel geben und etwas salzen.

Achtung:

Das Ausbacken in der Friteuse sollte generell nur von Erwachsenen vorgenommen werden, da das Arbeiten mit heißem Fett nicht ungefährlich ist.

Kartoffeln sind gesund - Pommes frites auch ?

Pommes frites gibt es inzwischen fast auf der ganzen Welt. Viele Gaststätten und wohl alle Schnellrestaurants bieten sie als Beilage an. Gründe dafür sind die einfache Vorratshaltung in der Tiefkühltruhe, die kurze Zubereitungszeit und minimale Küchenarbeit.

Generell ist die Zubereitung von Speisen in Fett nicht sehr gesund, da das Essen besonders viele Kalorien enthält und dadurch dick macht. Garniert man seine Pommes frites außerdem mit Mayonnaise oder Ketchup, werden dem Körper noch einmal zusätzliche Kalorien zugeführt.

Das bedeutet nicht, auf jeglichen Pommes-Genuß verzichten zu müssen. Gerade als Gemeinschaftsaktion macht das Kartoffelgericht viel Freude und ist als Beilage sehr geeignet. Doch sollte nicht vergessen werden, daß das häufige Verzehren von Pommes frites bei vielen Menschen mit hastigem Essen, eintöniger und ungesunder Ernährung und dem Betrachten von Mahlzeiten als bloßem Sättigungsvorgang einhergeht. Die Lust am Essen, die Eßkultur und die Breite des Nahrungsangebotes können dabei leicht verloren gehen.

Ein klärendes Gespräch sollte die Gefahren aufzeigen, jedoch nicht den Spaß an den beliebten Kartoffelstäbchen verderben. Guten Appetit!

Einfacher Kartoffelkuchen

Früher waren süße Speisen aus Kartoffeln ganz selbstverständlich, heute kennt kaum noch jemand die Rezepte. Der „einfache Kartoffelkuchen" schmeckt lecker und läßt sich leicht backen. Verschiedene Herstellungsschritte sind bei der Kuchenzubereitung nötig, so daß sich viele Kinder gleichzeitig am Backvorgang beteiligen können.

Zutaten

1 Kilo Kartoffeln
3 Eier
250 Gramm Zucker
1 gehäufter Eßlöffel Mehl
1 gestrichener Eßlöffel Backpulver
1 ungespritzte Zitrone (Schale und Saft)
10 cl (gut ein Eßlöffel) Sahne (ersatzweise Milch)
etwas Salz
Backpapier (ersatzweise Margarine)

Für die Glasur

Puderzucker, 1 Zitrone
Walnüsse, Smarties, kandierte Früchte oder Zuckerschrift zum Verzieren

So wird's gemacht

Kartoffeln mit der Schale kochen und einen Tag ruhen lassen. Dann abpellen und fein reiben. Zwei Eigelb und Zucker schaumig rühren. Nach und nach die geriebene Zitronenschale, Salz, Backpulver und Mehl hinzugeben und zusammen mit der Sahne (Milch) unterrühren. Eischnee aus drei Eiweiß steif schlagen und unterziehen. In eine mit Backpapier ausgelegte Springform oder Papierförmchen füllen und gut 50 Minuten bei 195 Grad backen.

Glasur

Etwas Zitronensaft und Puderzucker zu einer geschmeidigen Glasur anrühren (sehr fest) und den erkalteten Kuchen bestreichen. Eventuell mit kandierten Früchten o.ä. verzieren.

Zubehör

Zwei Rührschüsseln

Mixer

Reibe

Meßbecher

Rührlöffel

Eßlöffel (Teelöffel)

Topf

Schälmesser

Backform oder, wie hier, Backförmchen aus Papier

Tip für große Gruppen:
Der Teig läßt sich gut in Papierbackförmchen (im Handel erhältlich) ausbacken. Dann hat jedes Kind sein eigenes Törtchen zum Verzieren. Die Teigmenge reicht (je nach Einfüllhöhe) für rund 30 Küchlein. Der Teig läßt sich am besten mit einem Teelöffel einfüllen.

Weiterführende Literatur

Kartoffel Kartoffel. 200 köstliche Rezepte mit Warenkunde. Mosaik Verlag GmbH, München 1992.

Kuriosität über das Kartoffelkochen

Aus dem „Berliner Hofküchenbuch" 1664:

„Erstlich siede man sie im Wasser mürbe, und wenn sie erkaltet, so zieht man ihnen die auswärtige Haut ab"

Die Geschichte von der Zauberkartoffel

Kreativer Aspekt

Malgeschichte

Es war einmal eine kleine Kartoffel. Auf den ersten Blick sah sie aus wie eine ganz gewöhnliche Kartoffel, wie man sie in jedem Geschäft kaufen kann: Ziemlich dick und rund, mit einer dunkelbraunen Schale. Vielleicht, zugegeben, sah man ihr ihre Zauberkraft doch schon ein ganz kleines bißchen von außen an, denn es umgab sie ein geheimnisvolles Leuchten.

„Schau mal, Mama," meinte Mark darum, als er den leichten Schein in der Gemüseauslage entdeckte, „die Kartoffel leuchtet". „Unsinn", entgegnete seine Mutter. „Aber ja doch, sie leuchtet bestimmt" beteuerte Mark. „Na, dann kaufen wir sie halt und Du kannst Dich zu Hause davon überzeugen, daß Du Gespenster siehst", antwortete die Mutter. Den ganzen Nachhauseweg über starrte Mark so gebannt in die Tüte mit der leuchtenden Kartoffel, daß er ständig über seine eigenen Füße stolperte.

Erst am Nachmittag, als er unbeobachtet war, holte Mark seinen Schatz wieder hervor. „Bevor Du doch noch im Kochtopf landest", sagte er zu der Kartoffel, „stecke ich Dich lieber in die Erde. Da kannst Du prima wachsen, weißt Du. Vielleicht bist Du ja wirklich eine Zauberkartoffel...". Denn - hatte schon jemals einer auf der Welt eine leuchtende Kartoffel gesehen?

Im Garten kannte er eine Ecke, wo er seinen Schatz vergraben konnte. Ein Loch buddeln, noch etwas Wasser dazu - schon fertig. Nun hieß es abwarten. Zuerst tat sich gar nichts. Aber dann, nach ein paar Tagen, lugte eine kleine grüne Spitze aus dem Boden. Fast hätte Mark sie übersehen, hätte sie nicht ein bißchen geleuchtet. Eifrig holte er die Gießkanne und gab mehr Wasser auf den kleinen Trieb. Und da geschah es: die Kartoffelpflanze begann vor seinen Augen zu wachsen, zunächst langsam, dann immer schneller. Erst reichte sie ihm bis ans Knie, dann bis zur Brust und im nächsten

Augenblick schon bis zur Nasenspitze. „Mama, Papa, kommt schnell, hier wächst eine Riesenkartoffelpflanze" rief Mark aufgeregt. Ohne Eile schlenderten die Eltern in den Garten hinaus. Doch beim Anblick der inzwischen haushoch gewachsenen grünschimmernden Kartoffelpflanze blieb ihnen der Mund offen stehen und sie rieben sich ungläubig die Augen. „Aber das, das, das gibt es ja gar nicht", stotterte der Vater und fügte hinzu: „Hoffentlich tut sie uns nichts." Mark aber tanzte ausgelassen um seine Zauberpflanze und jubelte.

Am Schornstein des Hauses angekommen, hörte die Zauberkartoffel mit dem Wachsen auf und setzte wunderschöne Blüten an: rote und rosafarbene, blaue und gelbe, lila und blaue, orangene und türkisfarbene - alle in Leuchtfarben, versteht sich. Da gab es Blüten in den verrücktesten Formen, große, kleine, dicke, dünne. Sie sahen so herrlich aus, daß man sich daran kaum sattsehen konnte. Die Blüten verströmten einen herrlichen süßen Duft, so köstlich, daß man ihn immerzu schnuppern wollte. Als ein Windhauch durch den Garten strich, begannen die Blüten zart zu klingeln und trugen sanfte Musiktöne durch die Luft. Eine so schöne Melodie mit so feinen Tönen hatte man wohl noch nie gehört.

Völlig verzaubert vom Anblick der sanft tönenden Kartoffelpflanze, die ihre Blütenpracht im Wind schaukeln ließ, nahmen sich Mark und seine Eltern fest in die Arme. „Das ist das Aller- Aller- Allerschönste, was ich je gesehen habe", flüsterte Mark.
Und als sie alle drei noch ganz in den Anblick versunken im Garten beieinanderstanden, leuchtete die Kartoffelblume noch einmal auf, verneigte sich vor Mark, wurde dann immer blasser und blasser und verschwand wie ein Regenbogen, wenn es zu regnen aufhört...

Aktiver Umgang

Sprache

Über die Geschichte sprechen, dabei den Märchencharakter herausstellen. Eventuell Nacherzählung, wobei sich die Kinder abwechseln. Unterschied zwischen realistischen und märchenhaften Teilen herausarbeiten.

Malen und Gestalten

Zeichnerische Umsetzung mit unterschiedlichen Schwerpunkten:
- kräftige Farben
- große, bunte Blüten
- nur die Blume (Hochformat)
- mit Familie und Haus (Querformat)
- Wasserfarben
- Wachsmalstifte
- Collage mit Bunt- oder Seidenpapier
- Stengel malen und Blüten aus Zeitungen kleben
- Stoffcollage

Gemeinschaftsbild

- Jeder malt ein Stück und das Bild wird zusammengesetzt.
- An einen vorgegebenen Stengel werden von den Kindern gebastelte Blüten angesetzt, auch dreidimensionale Darstellungen bieten sich an.

Weiterführung

Was könnte alles in den Blüten wachsen?
Spielzeug, Essen, Wunschträume

Theater

Im Rollenspiel die Geschichte von der Zauberkartoffel nachvollziehen. Die Geschichte bietet auch Anhaltspunkte, um mit den Kindern über den Zusammenhalt in der Familie zu sprechen.

Benötigte Utensilien:

Kartoffel

Einkaufskorb für die Mutter

Tüte für Mark

Decke, unter der die Kartoffel versteckt wird

„Beet" in Form einer weiteren Decke, unter die die Kartoffel „gepflanzt" wird.

Ein Kind, das später die Zauberpflanze darstellt, krabbelt auch darunter.

Hut oder Jacke für den Vater

Das Kartoffel-Erntespiel

Kreativer Aspekt

Gesellschaftsspiel

Material

4 ganze Weinkorken (Bauern)
4 halbe Weinkorken (Käfer)
buntes Tonpapier oder Karton für die Spielfiguren und die Ereigniskarten
Würfel
Spielunterlage (alter Bilderrahmen, feste Pappe, Karton etc.)
Zweimarkstück als Kreisvorlage für die Spielfelder
Klebstoff, Schere, Filzstifte
4 Stecknadeln zur Befestigung der Bauernhüte
Behälter für Gemeinschaftskartoffeln (hier aus Papierstreifen geflochten)
16-20 Kieselsteine o.ä. als Kartoffeln
leere Streichholzschachteln als Kartoffelkisten

Jeder Spieler erhält einen Bauern (Bäuerin), einen Kartoffelkäfer und eine leere Kartoffelkiste. Bauer und Käfer stehen in der passenden farbigen Ecke und starten im markierten Kreis.
Es wird der Reihe nach im Uhrzeigersinn gewürfelt und gesetzt. Bei jedem Wurf können Bauer oder Käfer gesetzt werden, nicht aber beide gleichzeitig. Beide Spielfiguren müssen zu Beginn nacheinander ins Spiel gebracht werden.

Landen die Spielfiguren auf den orangefarbenen Ereignisfeldern, muß eine Ereigniskarte gezogen und die Anweisung befolgt werden. Die Karte wird anschließend unter den Stapel geschoben.

Ziel des Spieles ist, möglichst viele Kartoffeln aus dem Gemeinschaftskorb in die eigene Kartoffelkiste zu bekommen. Nach jeder vollendeten Runde durch den Bauern erhält der Spieler eine Kartoffel. Das gilt aber nicht für den Käfer! Eine weitere Möglichkeit, zu Kartoffeln zu kommen, besteht über die Ereigniskarten.

Der Käfer ist ein Schädling. Nur er kann die Bauern hinauswerfen. Treffen Bauer und Käfer auf einem Spielfeld zusammen, muß der Bauer in seine Ecke zurückgehen. Bauern können auf einem Feld nebeneinander stehen, Käfer und Käfer auch.

Das Spiel ist zu Ende, wenn alle Kartoffeln aus dem Gemeinschaftskorb verteilt sind. Es gewinnt, wer die meisten Kartoffeln „geerntet" hat!

Textvorschläge für Ereigniskarten

★ *Das Wetter war prima und du hast eine tolle Ernte. Nimm dir zwei Kartoffeln aus dem Gemeinschaftskorb.*

★ *Du hast zu viele Pommes frites, Chips und Bratkartoffeln gegessen. Dein Kartoffelvorrat ist zusammengeschrumpft.*
Gib eine Kartoffel an deinen rechten Nachbarn weiter.

★ *Auf dem Trecker kommt dein Freund. Gehe ihm drei Schritte vorwärts entgegen.*

★ *Aus deinem Kartoffelkorb fallen Kartoffeln heraus.*
Gehe fünf Schritte zurück, um sie einzusammeln.

★ *Du hast deine Kartoffeln gut geschützt, der Kartoffelkäfer kann dir eine Runde lang nichts anhaben.*

★ *Du hilfst deinem Nachbarn bei der Ernte. Dafür darfst du bis zum nächsten Bauern vorgehen.*

★ *Du warst frech zu den Erntehelfern. Gehe bis zum nächsten Bauern zurück.*

★ *Du hast eine neue Erntemaschine. Sie bringt dich sofort vor bis zu deinem Startpunkt.*

★ *Du hast den Boden für die Aussaat gut vorbereitet.*
Gehe vier Felder vor.

★ *Ein Unwetter hat deinem Acker sehr geschadet.*
Setze eine Runde aus.

★ *Der Kartoffelkäfer befällt dein Feld. Geh zurück nach Hause und sieh nach dem Rechten.*

★ *Die Wildschweine haben deinen Acker über Nacht verwüstet. Zum Trost erhältst du von deinem linken Nachbarn eine Kartoffel.*

★ *Du hast Geburtstag.*
Der Mitspieler mit den meisten Kartoffeln gibt dir eine ab.

★ *Heute ist Erntedankfest. Alle Spieler erhalten eine Kartoffel aus dem Gemeinschaftskorb.*

Tip für Kindergärten

Die Ereigniskarten mit Aktionen für die Kinder beleben. Z.B.: „Auf einem Bein um den Tisch hüpfen" oder „Drei Hoftiere mit der Stimme nachmachen". Für die richtige Ausführung gibt es dann eine Kartoffel.

Kartoffellied

Musikalischer Aspekt

Kartoffellied

Nach der Melodie von „Ein Männlein steht im Walde" zu singen.

Eine Knolle sitzt im Dunkeln
und ist ganz braun.
Sie hat zwar ein paar Augen,
doch kann nicht schau'n.

Refrain:

Sag, wer mag die Knolle sein,
die da liegt so ganz allein
und nichts sehen kann vom hellen Sonnenschein.

Es wächst nun aus der Erde
ein grüner Stiel,
an dem sitzen Blätter
und Blüten viel.

Refrain:

Sag, wer mag die Knolle sein...

Im Sommer und im Herbst dann
kommt sie ans Licht,
und wird im Topf
gekocht zu einem leckeren Gericht.

Refrain:

Sag, wer mag die Knolle sein...

Drucken

Die Kartoffeln waschen, abtrocknen und halbieren. Einfache Formen, z.B. Quadrat, Rechteck, Dreieck u.ä. vorsichtig mit dem Messer in die Oberfläche einritzen oder mit Bleistift vorzeichnen. Die Linien ungefähr 1 cm tief einschneiden. Vom Rand der Kartoffel her parallel zur Oberfläche in ca. 1 cm Tiefe zur Mitte hin vorsichtig einschneiden. Wenn sich zwei Schnittlinien treffen, fällt das Kartoffelteil ab (s. Abb.). Die Kartoffel rundum wie beschrieben bearbeiten.

Mit dem Borstenpinsel dick angerührte Wasserfarbe auf den Stempel auftragen und drucken. Bei jedem Farbwechsel die Kartoffel mit dem Läppchen trockentupfen.

Aktiver Umgang

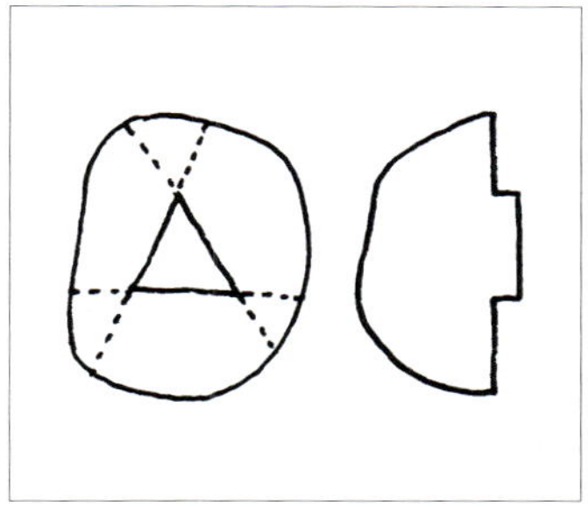

Material:

Kartoffeln

Bleistift

Küchenmesser

Borstenpinsel

Wasserglas

Wasserfarben

Malkittel

Malpapier

Läppchen

Die Kartoffelesser

Künstlerischer Aspekt

Vincent van Gogh, April 1885, 82 x 114 cm, Rijksmuseum, Amsterdam

„Die Kartoffelesser" ist in jedem größeren Bildband über van Gogh abgedruckt (Bücherei). Als Dia ist es in der Stadt-, Kreis- oder Landesbildstelle ausleihbar.

Zum Künstler Vincent van Gogh

Der holländische Maler, Zeichner und Lithograph Vincent van Gogh wurde am 10. März 1853 in Groot Zundert, Nordtrabant, geboren. Der Pfarrersohn war erst im Kunsthandwerk, dann als Wanderprediger und anschließend sogar als Grubenarbeiter tätig. Seit 1880 malte er zunächst realistische Gemälde in dunklen Farbtönen, in denen er das Leben der Bauern und der Arbeiter schilderte. Sein Hauptwerk aus dieser Schaffensperiode ist „Die Kartoffelesser". Später kam er mit dem Impressionismus in Berührung, seine Werke wurden heller und farbenfroh. Trotz immer wiederkehrender Nervenkrisen schuf van Gogh herrliche Bilder in leuchtenden Farben.

Nach einer weiteren Nervenkrise setzte er seinem Leben im Mai 1890 in Auverses-sur-Oise ein Ende. Seine Werke waren richtungsweisend für die Fauves, die Expressionisten und die moderne Kunst überhaupt.

Zum Werk „Die Kartoffelesser"

Das Gemälde „Die Kartoffelesser" stammt aus einer frühen Schaffensperiode van Goghs. Er wollte hier nicht einfach eine Bauernfamilie um ihrer selbst Willen darstellen, sondern ein Bildnis des armen Volkes schaffen.
Die vorherrschenden braunen, grünen und blauen Farben spiegeln die Natur im Herbst wider. In den groben Gesichtszügen tritt die soziale und moralische Verbundenheit des Künstlers mit den armen Menschen hervor, die von Sorgen geplagt werden. Dabei unterstreicht die fast klobige, überzeichnete Darstellungsweise die Unbeholfenheit der Bauern: Die knotigen Hände gleichen den knolligen Kartoffeln.
„Ich habe mich sehr bemüht, den Betrachter auf den Gedanken zu bringen, daß diese Leutchen, die bei ihrer Lampe Kartoffeln essen, mit denselben Händen, die in die Schüssel langen, auch selber die Erde umgegraben haben; das Bild spricht also von ihrer Hände Arbeit und davon, daß sie ihr Essen ehrlich verdient haben" schreibt van Gogh an seinen Bruder Theo. *„Ich möchte auch überaus nicht, daß jeder es gleich schön oder gut fände."*

Gleichzeitig tritt die Bedeutung der gemeinsamen Kartoffelmahlzeit hervor, im Mittelpunkt die Feldfrüchte, die redlich geteilt werden. Der Tisch wird zum Altar und die Nahrung ein Sakrament für jeden, der sich abgemüht hat. Der Zusammenhalt der Familie wird im sanften Schein der Lampe sichtbar. Die Familie ist füreinander da, hilft und unterstützt sich gegenseitig. Gleichzeitig ist jede Figur ein Individuum mit ihrem eigenen Charakter und mit ihren eigenen Gedanken.

Literatur

McDonald und Co: Vincent van Gogh, Leben und Werk in Bildern und Briefen. Delphin Verlag München GmbH 1987.

Bildbetrachtung

Anschauungsmöglichkeit in der Gruppe

Bild im Kreis anschauen, von Gruppe zu Gruppe geben. Vergrößerung mit Hilfe eines Episkops. Als Dia abfotografieren oder ausleihen und projizieren.

Tip

Museumsbesuch an die Bildbetrachtung anschließen

Bildbeschreibung

Familie in drei Generationen, gemeinsames Essen am Tisch, helfen einander, bedienen einander. Karge Hütte mit wenigen Möbeln, kaum Zimmerschmuck wie Gardinen, Blumen etc. Nur das Nötigste zum Leben. Dunkle Farben, Szene von einer Lampe erhellt.

Literatur

Van Gogh, DuMont's Neue Galerie. DuMont Buchverlag, Köln

Weiterführende Fragen

Was für Leute sind das? Was für eine Arbeit haben Bauern? Warum gibt es keine Teller? Was essen die Leute? Wieso gibt es kein Fleisch? Wie fühlen sich die einzelnen Personen wohl? Was ist heute anders? Wie ist es bei euch zu Hause?

Aktiver Umgang

Erzählen

Die Familie kommt von der Feldarbeit und ißt gemeinsam die Kartoffeln. Worüber unterhalten sie sich? Auch als Rollenspiel geeignet, dann sind Utensilien wie Hüte, Gabel, Teekanne etc. notwendig. Essen wir heutzutage bloß Kartoffeln zum Mittag? Was gibt es dazu? Was für Gerichte aus Kartoffeln kennt ihr?

Malen

„Wir essen Kartoffeln". Male Dich und Deine Familie beim gemeinsamen Essen. „Die Bauernfamilie van Goghs - wie sähe die gleiche Szene heute aus?"„So esse ich Kartoffeln am liebsten".
Abschließend gemeinsame Bildbetrachtung